Evangelische Dreifaltigkeitskirche Görlit

Marius Winzeler

Lage

Die Dreifaltigkeitskirche in Görlitz, auch als Kloster- und Oberkirche bezeichnet, gehört zu den bedeutendsten Bauten der Stadt. Ihr hohes Dach und der schlanke Turm setzen in der Görlitzer Silhouette wichtige Akzente – der sogenannte „Mönch“ erscheint äußerst zartgliedrig zwischen den kräftigen Baukörpern des Dicken bzw. Frauenturmes sowie des Reichenbacher Turmes und fügt sich harmonisch zum gleichfalls eleganten Rathausturm und den neogotischen Spitzen der Stadtkirche St. Peter und Paul. Mit dem markanten Dach über dem mächtigen Kubus des Langhauses besetzt die Dreifaltigkeitskirche eine besondere Position an der alten Ost-West-Achse der Via Regia, der historischen Lebensader der Stadt Görlitz.

Titel: Dreifaltigkeitskirche von Nordwesten
Seite gegenüber: Emporen und Gewölbe im Langhaus

Das Gotteshaus dominiert die lang gezogene Platzgestalt des Obermarktes, der als Neumarkt im Zug der Stadterweiterung des 13. Jahrhunderts die wachsenden Platzbedürfnisse an der Handelsstraße befriedigte. Die

Die Dreifaltigkeitskirche (rechts) im Stadtpanorama von Südwesten, Blick vom Reichenbacher Turm

Schwibbogen und Chor der Dreifaltigkeitskirche, 1800, Pinselzeichnung von Christoph Nathe (1753–1806), Kulturhistorisches Museum Görlitz

wichtige Verbindungsstraße zwischen dem Ober- und dem Untermarkt heißt seit Jahrhunderten nach den Franziskanermönchen „Brüderstraße“. Nicht zuletzt durch die privilegierte Lage mitten im Geschehen der Stadt besaß die Kirche immer eine herausragende Funktion für das geistige und soziale Wohl des aufstrebenden Gemeinwesens und spielte in der Geschichte von Görlitz seit dem 13. Jahrhundert eine wichtige Rolle. Baugeschichte und Gestalt zeugen ebenso davon wie die reiche Ausstattung, die dem Gotteshaus den Ruf eines besonderen „Schatzkästleins“ einbrachten.

Geschichte

1234, nur 8 Jahre nach dem Tod des hl. Franziskus von Assisi (1182–1226), kamen Angehörige seines Ordens nach Görlitz, um hier eine Klostergemeinschaft zu bilden. Franziskus, Sohn eines wohlhabenden Tuchhändlers, hatte sich mit 26 Jahren entschieden, sein Leben in der Nachfolge Christi ganz den Armen und Benachteiligten zu widmen und auf alle irdischen Güter zu verzichten. Mit seinem Wirken, seiner Ausstrahlung, seiner Spiritualität fand er sofort viele Gefährten. Sein „Sonnengesang“ und die darin gepriesene Liebe zur Schöpfung Gottes und zu allen Geschöpfen sind bis heute von ungebrochener Aktualität. Schon 1210 gründete er den später nach ihm genannten Orden der Franziskaner. Von Assisi in Umbrien breitete sich die Bewegung des „Poverello“ (des kleinen Bettlers) bald über ganz Europa aus – barfuß und besitzlos zogen seine Anhänger durch die Welt. Franziskus wurde bereits 1228 heiliggesprochen. In schneller Folge entstanden in allen aufstrebenden Städten Niederlassungen, von wo aus Arme und Kranke und alle sonst Bedürftigen in christlicher Nächstenliebe betreut und versorgt wurden. Dabei verzichteten die Franziskaner im Unterschied zu den älteren Ordensgemeinschaften auf Landbesitz und eigene Wirtschaftsbetriebe, sondern lebten hauptsächlich von Almosen, Spenden, frommen Stiftungen. Ihre graubraunen Kutten mit dem weißen Strick gab ihnen den

Vorderer Klosterhof mit Barbarakapelle, 1800, Pinselzeichnung von Christoph Nathe (1753–1806), Kulturhistorisches Museum Görlitz

Namen „graue Brüder“. Da sie im Sommer meist unbeschuht gingen, wurden sie „Barfüßer“ genannt oder wegen ihrer winterlichen Holzpantinen auch als „Klötzelmönche“ bezeichnet.

In Görlitz fanden die Nachfolger des hl. Franziskus ab 1234 eine prosperierende Stadt vor, geprägt von regem Handel und vielfältigem Handwerk, aber auch mit allen gesellschaftlichen Schattenseiten. Unmittelbar vor dem damaligen Tor an der Westseite der Stadt erhielten sie von der Familie Wirsing, die vermutlich aus Franken stammte, das Gelände eines Freihofes. Am 21. August 1245 weihte Bischof Conrad von Meißen, zu dessen Bistum Görlitz gehörte, die erste Kirche zu Ehren Mariens und des hl. Franziskus. Das Kirchweihfest bestimmte in der Folge bis ins 20. Jahrhundert den Termin für die Görlitzer Kirmes. Mitte des 13. Jahrhunderts war die Stadterweiterung um den neuen Obermarkt und das planmäßig davon aus-

Blick in die Dreifaltigkeitskirche, 1797. Pinselzeichnung von Johann Gottfried Schultz (1734–1819), Kulturhistorisches Museum Görlitz.
Die Zeichnung gibt den Innenraum der Kirche vor der Neugestaltung des Altarraums (Anfang des 18. Jahrhunderts) wieder. Im Chor ist der spätgotische Schrein der Goldenen Maria zu erkennen, obwohl dieser damals schon in der Barbarakapelle aufgestellt war.

Konsolköpfe in der Barbarakapelle, um 1460

gehende Straßennetz bereits im Gang. Seither liegt die Kirche am größten Platz der Stadt, direkt an der Via Regia. Das Kloster war dahinter geschützt, umgeben von einer eigenen Mauer und bald von einem neuen doppelten Stadtmauerkranz flankiert.

Im Verlauf des 14. und 15. Jahrhunderts wuchsen Ansehen und Bedeutung des Görlitzer Franziskanerklosters, was sich in umfangreichen Baumaßnahmen und in der künstlerischen Ausstattung des Baukomplexes äußerte. Die Mönche erhielten von Arm und Reich Almosen, Spenden, größere Geldsummen und Vermächtnisse. Im Schatten des Kloster ließen sich zudem fromme Frauen nieder, die als Tertiarinnen (Angehörige des den Mönchen untergeordneten Dritten Ordens) in der nahen Nonnengasse (Nonnenstraße) ähnlich wie Beginen lebten und in der Klosterkirche zu ihren Gebeten zusammenkamen.

Die Popularität der Franziskaner und ihr Wirken in der städtischen Seelsorge führten mehrfach zu Konflikten mit der Geistlichkeit der Pfarrkirchen St. Nikolai und St. Peter und Paul. Nach 1386 spitze sich ein Streit um Einkünfte und Rechte derart zu, dass der Papst zu Pfingsten 1393 über die Stadt Görlitz den Bann aussprach und in der Folge hier keine Messen gelesen und Tote bestattet werden durften. Der Bann wurde erst gelöst, nachdem der ganze Franziskanerkonvent aus der Stadt verbrachtworden war. Danach kehrten die Mönche wieder zurück und erfreuten sich erneut großer Beliebtheit. Der Görlitzer Rat hielt seine Hand schützend über das Kloster und stellte es unter seine Aufsicht – auch bei weiteren Konflikten. Viele Ratsherren ließen sich innerhalb der Klostermauern begraben. 1453 wurde der Reformprediger Johannes Capistranus nach Görlitz eingeladen und im Kloster beherbergt. Nachdem das Kloster 1458 ein Studium particulare zur theologischen Ausbildung für 8 bis 10 Brüder eingerichtet hatte und 1462 eine Reform durchgeführt worden war, befand sich der Konvent auf einem Höhepunkt seines Ansehens und seiner Ausstrahlung. In der Ordensorganisation gehörte das Görlitzer Kloster zur Kustodie Gold-

berg/Złotorya innerhalb der Provinz Saxonia. Vor Ort bedeutsamer war jedoch die Tatsache, dass das Kloster dem Stadtrat unterstellt war – 1475 hatte der Konvent sogar seinen Turm, damals der höchste der Stadt, dem Rat vollständig abgetreten.

In der Reformationszeit geriet auch das Görlitzer Franziskanerkloster in eine Krise: Die Mönchsgemeinschaft schrumpfte innerhalb weniger Jahre zusammen, von 40 Mönchen am Anfang des 16. Jahrhunderts waren 1542 nur noch 10 da. 1563 übergab der letzte Bruder – Urban Weißbach, ein früherer Schuhmacher aus Weißenfels – das Kloster mitsamt dem zugehörigen Besitz und dem bedeutenden Kirchenschatz dem Rat. Damit endete die Geschichte der Franziskaner in Görlitz für lange Zeit – bis sich 1945 aus Schlesien vertriebene Ordensbrüder erneut in Görlitz niederließen. Sie bezogen 1968 ein neues kleines Franziskanerkloster in Görlitz-Weinhübel.

1565 wurde in den ehemaligen Klostergebäuden am Obermarkt mit Unterstützung Kaiser Ferdinands I. das „Gymnasium Augustum" (Erhabenes Gymnasium) gegründet. Erster Rektor war Magister Petrus Vincentius, ein Freund Philipp Melanchthons. 1566 fand der erste evangelische Gottesdienst in der einstigen Klosterkirche statt, über eine kurze Zeit wurden täglich die Litanei und die Psalmen gesungen, zudem bat man Gott um Beistand gegen die Türken. Am 28. Januar 1568 hielt Magister Johannes Birkenhayn die erste evangelische Predigt über Psalm 1; in der Folge fanden bis 1820 jeweils am Mittwochmorgen, 4.30 Uhr im Sommer und eine Stunde später im Winter, die sogenannten Mittwochs- oder Frühpredigten statt, die auch als finstere Predigten bezeichnet wurden. Zeitweilig diente die Kirche ferner als Aufführungsort von biblischen Theaterspielen des Gymnasiums.

1672 beschloss der Rat für die zahlreichen Glaubensflüchtlinge aus Böhmen und Schlesien die Einführung regelmäßiger Sonntagsgottesdienste, wofür die Gründung des „Großen Predigerkollegiums" erfolgte, dessen Mitglieder – Studenten der Theologie – jeweils sonntags am Vor- und Nachmittag in der Klosterkirche zu predigen hat-

Blick ins Chorgewölbe mit der Ausmalung von 1910

Säulchen mit Kapitell vom Gründungsbau, um 1240

ten. Eine eigene Pfarrstelle bestand jedoch erst seit 1713, als Magister Melchior Scheffer berufen wurde und 26 Jahre dieses Amt ausführte. Er war ein charismatischer Prediger und späterer Freund des Gründers von Herrnhut, Nikolaus Ludwig Graf von Zinzendorf. 1715 erfolgte die Neuweihe der Kirche zu Ehren der heiligen Dreifaltigkeit. Als zweite Hauptkirche der Stadt und als Gymnasialkirche nahm sie fortan mit ihren 1250 Plätzen einen wichtigen Rang im kirchlichen Leben von Görlitz ein.

Heute gehört das Gotteshaus zur Evangelischen Innenstadtgemeinde Görlitz und wird im Sommerhalbjahr für Gottesdienste und Konzerte genutzt.

Baugeschichte

Der 1245 geweihte Gründungsbau der Kirche ist in den heutigen Umfassungsmauern zum Teil noch erhalten: An ein lang gestrecktes und flach gedecktes Schiff schloss sich ein außen gleich breiter Chor an, der östlich in eine halbrunde Apsis mündete. Laut den frühen Baubestimmungen des Franziskanerordens durfte nur der Altarbereich gewölbt werden, was wahrscheinlich auch in Görlitz der Fall war: Die Chormauern sind etwas stärker als diejenigen des Langhauses, zudem stammen im heutigen Chor erhaltene Säulchen mit spätromanisch-frühgotischen Kapitellen vermutlich von dieser frühen Einwölbung. Zwischen 1371 und 1381 wurde der Chor durch Erhöhung und Erweiterung grundlegend verändert; die Neuweihe nahm zu Trinitatis 1385 Bischof Georg von York vor. Entstanden ist ein eleganter, im 7/12-Polygon schließender Gewölbebau mit schlanken Proportionen und einem feingliedrigen Glockenturm an der Nordseite – das erste anspruchsvolle Beispiel für spätgotische Sakralarchitektur in der Stadt. Grund- und Aufriss sowie die Einzelformen des Chores sind böhmisch geprägt, wobei die 1374 vollendete Franziskanerkirche St. Jakob in der Prager Altstadt als Vorbild gedient haben könnte. Unter den Stiftern, die den Görlitzer Chorbau ermöglicht hatten, befand sich auch der böhmische Landvogt Beneš von der

Duba, der nebst Unterstützung für den Bau vor allem für Fensterstiftungen aufkam. Sein jung verstorbener Sohn Jone gehörte 1381 zu den ersten, die im neuen Chor bestattet wurden.

Ein weiterer Ausbau der Kirche erfolgte zwischen 1450 und 1475: In dieser Zeit wurde der Kreuzgang als Seitenschiff zur Kirche geöffnet und auf der Südseite die Barbarakapelle angebaut. Mit ihrer Einwölbung erhielt das Langhaus sein Netzgewölbe, dessen formale Gestaltung auf das Vorbild des Prager Domchores von Peter Parler zurückgeht. Die gleichen Bauleute – Mitglieder der städtischen Bauhütte unter ihrem damaligen Werkmeister Stephan Aldenberg – waren gleichzeitig an der Görlitzer Stadtkirche St. Peter und Paul sowie an der Frauenkirche tätig. Abgeschlossen wurde diese Bauphase in der Klosterkirche durch den Ausbau der Empore über dem Seitenschiff, die Öffnungen zum Langhaus und ein Netzgewölbe erhielt. Der östliche Teil diente wahrscheinlich als Musikerempore, die westlichen Joche als Chor der nahe dem Kloster angesiedelten Frauengemeinschaft. Sechs neue Altäre wurden auf dieser Empore geweiht; im unteren Seitenschiff und im Hauptschiff standen jeweils fünf

Säulchen mit Kapitell vom Gründungsbau, um 1240

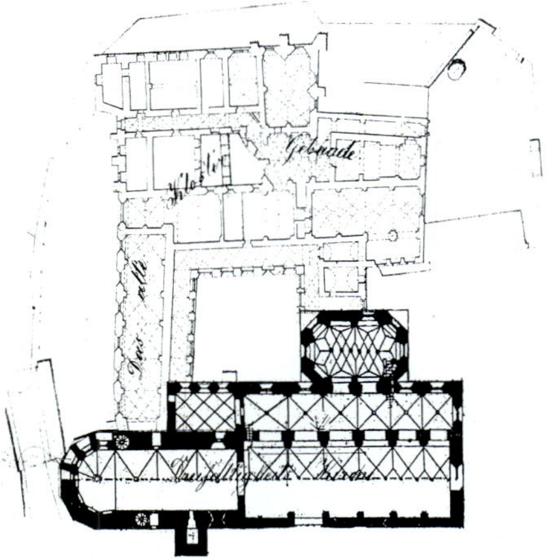

Historischer Grundriss mit Klosteranlage vor dem Abbruch

Altäre. Im späten 15. und frühen 16. Jahrhundert erhielt die Kirche dank Stiftungen von Ratsfamilien und reichen Kaufleuten zahlreiche prächtige Ausstattungsstücke, wovon ein Teil bis heute erhalten ist. Letzte große Baumaßnahmen vor der Reformation waren die Erhöhung des Turmes sowie der 1508–1509 datierte Neubau des großen Daches über Haupt- und Seitenschiff, nach Westen abgeschlossen von einem mächtigen Giebel mit Blendmaßwerk.

Im 16. und 17. Jahrhundert erfolgten nur kleine Reparaturen; ein Zeichen der konfessionellen Erneuerung setzte erst der Bau der neuen Kanzel 1670. Spätestens 1713 wurde der Lettner (von lateinisch „lectorium" für

Blick durch das Seitenschiff in die Barbarakapelle

Sakristeiportal, um 1500

Konsolkopf in der Barbarakapelle, um 1460

Lesepult; Trennwand zwischen Laienbereich und Mönchschor) abgebrochen und der Chor zum Langhaus geöffnet. Anstelle des spätgotischen Hochaltars ließ der Rat einen großen Barockaufbau aufrichten, dessen inhaltliches Programm auf den neuen Titel der Kirche zu Ehren der heiligen Dreifaltigkeit verweist. In der Folge kam es zum Einbau verschiedener Logen und Familiengestühle.

Nachdem die Kirche während der Befreiungskriege zwischen 1806 und 1813 als Magazin, Gefängnis, Pferdestall, Heuschober und Lazarett gedient hatte, konnte sie 1816 nach notdürftiger Instandsetzung wieder für den Gottesdienst genutzt werden. Im Zuge umfangreicher städtebaulicher Erneuerungen erfolgte 1841 der Abbruch der Verkaufsbuden an der West- und Nordfassade der Kirche zum Obermarkt (seit 1550 befanden sich dort mehrfach erneuerte Marktstände, in denen Büchsenmacher, Schlosser, Riemer, Feilenhauer, Sattler und andere ihre Waren feilboten). Mit dem Abriss des alten Klosters von 1853 bis 1855 verschwand auch die zuletzt als Laden und Küsterhaus genutzte Sakristei neben dem Turm an der Nordseite des Chores. Anstelle der Klostergebäude wurde – nachdem Karl Friedrich Schinkel schon 1837 erste Ratschläge für den Bau erteilt hatte – 1854–1856 das Gymnasium nach Plänen der preußischen Bauräte Ferdinand von Quast und August Stüler errichtet, wobei die neogotische Formgebung und die gewölbten Gänge an die klösterliche Vergangenheit anknüpften. Gleichzeitig erfolgte eine Erweiterung des als Rest des Klosters an der Südseite der Kirche belassenen Anbaus mit dem Nordflügel des Kreuzganges und der einstigen Bibliothek.

Die bisher letzte und einzige umfassende Sanierung und Restaurierung der Kirche fand 1909–1910 unter Leitung des Architekten Felix Henry aus Breslau und unter der Ägide des Pfarrers Alfred Zobel statt. Dabei wurden die gotischen Gewölbemalereien freigelegt, die Ausstattung restauriert und neu aufgestellt und erstmals Bauuntersuchungen vorgenommen. In Bezug auf die von unterschiedlichen historischen Bauphasen geprägte Gestaltung der Kirchenräume wählte man differenzierte Stilformen für die ergänzende Ausmalung – neben neogotischer Ornamentik kamen auch barocke Dekorationsformen sowie Einflüsse des Jugendstils zum Tragen.

Seither erfuhr die Kirche nur geringfügige Veränderungen und Erneuerungen. Im Mai 1945 erlitt sie glücklicherweise nur geringfügige Beschädigungen, insbesondere an den Fenstern. Von den während des Zweiten Weltkrieges ausgelagerten Kunstwerken kehrten allerdings leider bislang nicht alle zurück. Der Einbau einer Heizung führte 1962 zu archäologischen Sondierungen im Chorraum, wobei die Apsis des Gründungsbaus gefunden wurde. 1990–1992 erfolgte eine Sanierung des Außenbaus. Seither sind die zuvor steinsichtig dunkelgrauen Fassaden wieder in einem auf das frühe 19. Jahrhundert zurückgehenden Zustand verputzt und in hellem Grün mit weißen Einfassungen der Fenster gehalten. Zuletzt konnte 2010 die 1997 begonnene Restaurierung des spätgotischen Altars der „Goldenen Maria“ abgeschlossen werden.

Konsolkopf in der Barbarakapelle, um 1460

Durchblick durch das Seitenschiff in die Barbarakapelle

Das Äußere

Der mächtige Baukörper der Dreifaltigkeitskirche setzt an der Südostseite des Obermarktes einen starken Akzent. Das weitgehend im spätmittelalterlichen Zustand überlieferte Äußere der Kirche ist schlicht, wie es für eine Franziskanerkirche charakteristisch ist.

Das Langhaus wirkt blockhaft geschlossen, keine Strebepfeiler, nur die tief eingeschnittenen Spitzbogenfenster mit ihrem unterschiedlichen Fischblasenmaßwerk gliedern die Wände. Die Westseite mit einem Portal – das malerisch geschwungene Kupferdach darüber stammt von 1910 –, darüber liegendem breitem und hohem Fenster und daneben zwei übereinander liegenden kleineren Fenstern bildet die asymmetrische innere Raumgliederung von breitem Hauptschiff und zweigeschossigem Seitenschiff ab.

An der Nordfront der Kirche stammen zwei kleine Fensterschlitze im unteren Bereich wohl noch vom Gründungsbau. Darüber nehmen fünf Fenster die Mitte der

Außenansicht von Nordwesten

Wandfläche ein. Über ihnen deutet ein schwacher Absatz an, dass die Mauer nachträglich erhöht worden ist. Ein breites Doppelportal mit zwei Eselsrückenbogen von 1510 diente bis 1910 als Haupteingang und ist seither vermauert. Der heutige Zugang östlich davon wurde 1910 neu geschaffen; das Portal mit Inschrift und Wappen ist von einem neogotischen Kielbogen mit Krabbenabschluss überhöht.

Daneben schließt sich der Chor an. Ein Fenster, das höher und breiter als diejenigen des Langhauses und mit anderen Maßwerkformen geschmückt ist, verweist auf eine ältere Entstehungszeit. Nördlich an den Chor angebaut ist der markante Turm, der sogenannte „Mönch“. Sein geschlossener unterer Teil mit drei Geschossen erhebt sich auf quadratischem Grundriss bis über den Dachansatz. Der ebenfalls dreigeschossige Aufsatz ist achteckig ausgebildet und verjüngt sich, wobei die Geschosse nach oben jeweils höher werden, was der Architektur eine eigene Zierlichkeit verschafft. Schmale Lanzettfenster mit feinem Maßwerk und Gesimse gliedern

Westfassade

Nordfassade des Langhauses

Der „Mönch" von Nordosten

den Turm, der ursprünglich von einem hölzernen Spitzhelm bekrönt war. Nach einem Blitzschlag im Jahr 1605 wurde er 1607 mit der geschwungenen Haube und durchbrochenen Laterne versehen, die seither mehrfach erneuert wurde. Auf diese Zeit geht auch die Uhr zurück, deren originales Werk sich heute im Kulturhistorischen Museum Görlitz befindet. In der Turmlaterne befindet sich noch die 1607 gegossene Seigerschelle (Glocke für den Stundenschlag), die bis heute 7 Minuten vor der Zeit die vollen Stunden anzeigt. Dieser Brauch geht auf das Mittelalter zurück und war vor allem an die Stadtwache gerichtet; später galt die Mahnung zur Pünktlichkeit insbesondere den Schülern des Gymnasiums. Zudem rankt

Der Chor von Nordosten

sich die Sage von der Verrätergasse um dieses Kuriosum, wonach 1527 der Glöckner durch verfrühten Stundenschlag den Tuchmacheraufstand vereitelt haben soll und seither zur Erinnerung die Glocke 7 Minuten im Voraus schlägt. Im Turm hängt ferner eine Glocke d", die 1693 Abraham Sievert in Görlitz gegossen hat.

Östlich schloss sich bis 1857 die zweigeschossige Sakristei an den Turm und den Chor an, deren Umriss im Straßenpflaster und deren Dachansatz an der Chorwand mit Ziegeln markiert sind. Am Chorhaupt selbst bilden hohe Maßwerkfenster mit variierten Drei- und Vierpassformen sowie Fischblasen in den Ornamenten der Couronnements (der Fensterbekrönungen) den Haupt-

Barbarakapelle von Westen

Südseite der Kirche vom Schulhof aus, mit ehemaliger Klosterbibliothek

Barbarakapelle von Osten

schmuck. Dazwischen wachsen leicht unregelmäßig ausgeführte Strebepfeiler aus dem massiven Wandsockel heraus.

Östlich schließt der Schwibbogen den Vorplatz ab. Das malerische Schwibbogenhaus entstand 1533 und verbindet den Obermarkt mit der Fischmarktgasse. Von ihr aus bietet sich ein Blick auf die Südseite des Chores mit dem im 19. Jahrhundert aufgestockten Anbau von Sakristei und Nebenräumen.

Südlich des Kirchenbaus nimmt der neogotische Winkelbau des Gymnasiums Augustum große Teile der einstigen Klosterfläche ein und verdeckt die Kirche weitgehend. Vom Klosterplatz aus und vom Schulhof bietet sich ein Blick auf die Barbarakapelle, deren Baukörper gegen Westen und Osten polygonal geschlossen ist und von einem Walmdach abgeschlossen wird. Regelmäßig angeordnete Spitzbogenfenster mit schönem Fischblasenmaßwerk, ähnlich dem Westfenster der Kirche, bilden den einzigen Schmuck der nur grob verputzten, glatten Wände ohne Strebepfeiler.

Das Innere

Man betritt das Innere durch den Südeingang von 1910 und steht nach einem Windfang am östlichen Ende des Langhauses. Der Raum mit seinen verschiedenen Abschnitten erschließt sich nicht sogleich – rechts öffnet sich das einheitlich wirkende Langhaus mit niedrigem Seitenschiff und Empore. Im Durchblick deutet sich dahinter die Barbarakapelle an. Links blickt man durch den verengten Chorbogen in den lang gestreckten Chorraum mit dem Altar als Zielpunkt.

Der Chorraum

Der Chorraum wird bestimmt vom Gegensatz zwischen dem nur wenig erhellten Langraum und dem von Licht durchfluteten Ostabschluss. In der Polygonalform mit sieben Seiten eines Zwölfecks findet die gotische Architektur

Blick vom Langhaus in den Chorraum

Das Gewölbe des Chores

der Kirche ihren räumlichen Kulminationspunkt. Überwölbt wird der Chor von einem feingliedrigen Kreuzrippengewölbe, das auf Konsolen ruht, die wiederum von kurzen Säulchen mit abschließenden Maskenköpfen getragen werden – es sind unterschiedlich gestaltete Königs- und Prophetenköpfe, die bisher allerdings kein inhaltliches Programm erkennen lassen. Gegenüber den schlanken Rippen des Gewölbes wirken diese Bauglieder altertümlich und es besteht die Vermutung, dass die Säulchen und Köpfe zumindest teilweise vom ersten Chorbau des 13. Jahrhunderts stammen und an veränderter Position im Neubau des ausgehenden 14. Jahrhunderts wieder verwendet wurden.

Auf jeden Fall vom älteren Bau stammen die beiden spätromanischen Ecksäulen seitlich des Triumphbogens: Sie sind unterschiedlich lang und tragen Kapitelle mit Tierpaaren, nördlich sind es Adler, südlich Echsen. Ihre heutige Anordnung ist allerdings rätselhaft – wahrscheinlich sind sie erst beim Bau des heutigen Chores an diese Stelle versetzt worden (Abbildungen S. 8/9).

links: das Innere des Chores nach Osten

Bergpredigt über dem Triumphbogen im Chor, mit Freilegungs- und Reinigungsproben für die zukünftige Restaurierung Adolf Quensen, 1909

1382 waren die Fenster mit einer farbigen Verglasung versehen worden, die im frühen 16. Jahrhundert erneuert wurde, wovon aber keine Reste erhalten sind. Heute wird der Raum in seiner farblichen Erscheinung von der Ausmalung von 1910 bestimmt: Das Gewölbe wurde damals als leuchtend blaues Himmelszelt mit goldenen Sternen in formalen Anklängen an den ornamentalen Jugendstil gestaltet. Die Westwand über dem Triumphbogen zeigt ein gleichzeitig entstandenes Monumentalbild der Bergpredigt, ebenso wie die Gewölbedekoration aus der Hand von Adolf Quensen (1851–1911). Er trug den Titel eines „Herzoglich Braunschweiger Hof-Dekorationsmalers“ und hat zahlreiche Werke in Braunschweig und im Harz geschaffen, aber auch die Kaiser-Wilhelm-Gedächtniskirche in Berlin ausgemalt. In der Aussage unterstreicht sein Bild der Bergpredigt (Mt 5–7), „was die Franziskaner einst wollten, als sie von Assisi her europaweit wirksam wurden: Christi Forderungen in Taten umzusetzen und für den

Bruder da zu sein, für die Mühseligen und Beladenen vor allem" (Horst Wenzel).

Die übrigen Wände sind in einfarbigem Weiß gehalten, nur die Fenstergewände erhielten einen akzentuierenden Blumendekor. Vor dieser Raumfassung kommt die reiche Ausstattung aus verschiedenen Zeiten wirkungsvoll zur Geltung.

Seite 24: Der Altar von Caspar Gottlob von Rodewitz, 1713

Seite 25: Altar, Gottvater und Heiliggeisttaube

Der Altar

Höhepunkt des Kirchenraumes ist der Altar, der sich im Zentrum des Chorpolygons über dem steinernen Altartisch erhebt. Sein Aufbau ist als elegante Triumphbogenarchitektur ausgebildet und stark räumlich gegliedert. Gerahmt von zwei Säulenstellungen, das innere Paar übereck gestellt, wird der Blick auf eine Szenerie gelenkt, die sich hinter dem Bogen wie auf einer Theaterbühne darbietet: Über dem gemalten Bild des Abendmahles hinter dem Altartisch ist die Gruppe der schlafenden Jünger erkennbar, darüber kniet der betende Christus im Garten Gethsemane. Über ihm öffnet sich der Himmel und in den bewegten Wolken erscheinen Engel, die ihm den Kelch zeigen und das Kreuz als Zeichen seines Opfers. Begleitet wird diese im natürlichen Licht als barockes theatrum sacrum (heiliges Theater) erstrahlende Szene von den Figuren, die wiederum der äußeren Architektur zugeordnet sind: Seitlich stehen links Moses mit den Gesetzestafeln und rechts Johannes mit dem Evangelium als Verkünder des Gotteswortes, als Garanten für das verfügte Gesetz und die verheißene Gnade. Auf dem Giebel sitzen zwei Engel mit Palme und Kranz, Zeichen für Tod und ewiges Leben, dazwischen ist in der Strahlenglorie das Lamm Gottes wiedergegeben. Auf dem Auszug schließlich thront Gottvater, von Engeln umgeben, mit der linken Hand die Weltkugel haltend und mit der rechten empor weisend auf die Taube des Heiligen Geistes, dessen Segnungen in den fünf goldenen Strahlenbündeln angedeutet sind. In bewegter Lebendigkeit und mit barocker Dramatik hat hier himmlische Macht kraftvollen Ausdruck gefunden.

Konsolkopf und Wanddienst im Chor

Schöpfer dieser im evangelischen Barock einzigartigen Komposition war der Bildhauer Caspar Gottlob von Rodewitz (1679–1721), der aus Oderwitz bei Zittau stammte und seit 1706 in Görlitz lebte. Inspiriert vom Dresdner Hochbarock und mit Kenntnis des Schaffens von Balthasar Permoser hat Rodewitz mit diesem Altar 1713 sein Hauptwerk geschaffen. Es diente 20 Jahre später dem Bildhauer Johann Christian Feige als Ausgangspunkt für den Altar der Frauenkirche in Dresden, dessen ähnlich theatralisch konzipiertes Mittelrelief gleichfalls dem Thema „Christus am Ölberg" gewidmet

Seite 26: Altar, Mittelszene: Christus am Ölberg

Altar, Moses

Schlafender Petrus

ist. Ursprünglich war der Görlitzer Altar allerdings nicht steingrau gefasst, sondern holzsichtig. Die heutige Bemalung stammt von 1810.

Das Chorgestühl

Der Chorbogen war im Mittelalter durch einen Lettner geschlossen, eine Schranke, die das Kirchenschiff trennte vom Chorraum, der ausschließlich den Priestern und Mönchen vorbehalten war. An der Innenwand des Lettners befand sich der Mittelteil des spätgotischen Chorgestühls, dessen Seitenteile sich bis heute an den Chorwänden entlang erstrecken. Ursprünglich bot das Chorgestühl Platz für 64 Mönche. Es besteht aus Eichenholz und ist an den Seitenwangen, zwischen den Sitzen und am Baldachin mit filigranem Schnitzwerk geschmückt, mit sogenannten Drôlerien (Fantasiebildern). Mischwesen, wilde Füchse und Wölfe, Lindwürmer, ein bellender Hundekopf (auf der Südseite) bzw. grimmige Köpfe von Fabeltieren sowie verschlungene Ranken und Pflanzenornamentik

Südseite des Chorgestühls von 1484

bezeugen das Können der Schnitzer, bei denen es sich möglicherweise um Mönche des Klosters gehandelt hat. In den Winkeln der Chorbogenwand tragen zwei bärtige Köpfe mit Schriftbändern hochstrebende Fialen (kleine Türmchen) – vielleicht sind es Bildnisse von Stiftern? Einzigartig ist die Inschrift am Baldachin, die auf weißem Grund mit Schwarz und Rot die Geschichte des Klosters berichtet: In heute nur noch mühsam zu entzifferndem Latein ist darin die Ordensgeschichte mit der Geschichte der Stadt Görlitz und des Franziskanerklosters verwoben – für das Chorgestühl selbst überliefert diese ungewöhnliche „Görlitzer Franziskanerchronik", dass es 1484 vollendet wurde.

Vor den erhaltenen Sitzreihen an den Wänden stand einst eine vordere Sitzreihe. Zudem waren am Lettner seitlich eines mittleren Durchgangs die beiden am reichsten geschmückten Sitze mit jeweils fünf Plätzen angeord-

Chorgestühl, Detail der Sitzwangen

Chorgestühl, Detail der durchbrochenen Wangen

Seite 32–33: Goldene Maria, Passionszyklus

net. Hier saßen wohl der Guardian (Vorsteher) des Klosters und sein Stellvertreter. Die seitlichen Wangen dieser Sitze zeigen in feinem Flachrelief Darstellungen der beiden Kirchenpatrone: Maria als Jungfrau der Verkündigung und der hl. Franziskus, dem der geflügelte Christus (Seraphicus) erscheint. Nachdem der Lettner abgebrochen worden war, versetzte man diese beiden Gestühle an die Westwand unter die Orgelempore, wo sie fortan als Rats- und Pfarrgestühl dienten. 1904 wurden sie als Leihgabe in das Kaiser-Friedrich-Museum in der Oberlausitzer Gedenkhalle (Ruhmeshalle) gegeben; während des Zweiten Weltkrieges lagerte man beide Gestühle in ein Schloss auf der Ostseite der Neiße aus. Sie kehrten danach nicht mehr nach Görlitz zurück. Heute dienen sie dem Domkapitel der Kathedrale in Posen/Poznań als Chorgestühl.

Grabstein des Melchior von Rechenberg († 1482)

Grabmäler und Gedächtnisbilder

Im Mittelalter war die Klosterkirche der bevorzugte Begräbnisplatz für die Görlitzer Oberschicht sowie für Adlige aus der Umgebung, die für eine entsprechende Bestattung gern zu großzügigen Spenden und Stiftungen bereit waren. Der Chorraum war dabei besonders beliebt, versprach man sich doch vom dort gehaltenen Gebet der Mönche direkte Fürsprache für das eigene Seelenheil. So war der gesamte Fußboden der Kirche einst mit Grabplatten förmlich gepflastert; im Chorraum dienten die Nischen um den Hochaltar als hervorgehobene Grabstätten. Bei der Restaurierung 1909–1910 erhielten die bedeutendsten Denkmäler einen neuen Aufstellungsort.

Heute befinden sich um den Altar folgende Grabsteine: ganz links derjenige für Alexander Hay von Mayn aus Schottland, der 1639 als schwedischer Oberst vor Pirna inmitten seiner Truppe erschossen wurde; in der Mitte der Grabstein für Ursula von Nimptsch aus Boberröhrsdorf/Siedlęcin im Riesengebirge, gestorben 1676 im Alter von 96 Jahren; rechts derjenige für Hans Christoph von Gersdorff, gestorben 1665 (siehe unten), sowie als ältester in diesem Bereich der Kirche der besonders schöne Grabstein für Melchior von Rechenberg, gestorben 1482: In kunstvoll verschlungenem Rankenwerk ist auf Letzterem von Rechenbergs Familienwappen mit Helm und Widderkopf als Relief dargestellt.

Dem gleichen Melchior von Rechenberg, dessen Familie aus dem Erzgebirge stammte, seit dem späten 14. Jahrhundert in Schlesien ansässig war und auch Güter in der östlichen Oberlausitz besaß – u. a. Klitschdorf/Kliczków – , ist auch das Tafelbild an der Südwand des Chores gewidmet, ein Meisterwerk spätgotischer Tafelmalerei in Görlitz, entstanden um 1480. Dargestellt ist das Jüngste Gericht mit Christus als Weltenherrscher, auf der Weltkugel thronend und ausgezeichnet mit Lilie und Schwert als Symbolen für himmlischen Lohn oder ewige Strafe. Er wird begleitet von Maria und Johannes dem Täufer als Fürbittern. Im Vordergrund kniet Melchior von Rechenberg, der als Ritter gerüstet ist, flankiert von seinem Wappenschild und seinem Schimmel, der ungewöhnlicherweise uns Betrachtern sein Hinterteil zuwendet.

Darüber hängt das Totenschild für den ebenfalls in der Klosterkirche begrabenen Hans Christoph von Gersdorff auf Leuba, dessen Grabstein schon erwähnt wurde. Zwei Engel mit Posaunen mahnen an das Jüngste Gericht, in der Mitte verweisen das Familienwappen des Verstorbenen und 15 weitere Wappen auf dessen adlige Ahnenfolge. Eine Schrifttafel hält darunter den Lebensbericht

Epitaph des Melchior von Rechenberg mit Jüngstem Gericht, um 1480

und eine Würdigung des besonders bibelfesten Verstorbenen fest, zu dessen Nachkommen vier Generationen später Adolf Traugott von Gersdorff gehörte, einer der Gründer der Oberlausitzischen Gesellschaft der Wissenschaften.

Noch prunkvoller ist das Epitaph auf der Nordseite gegenüber: In einem Wolkenkranz mit Engeln und dem Zeitengott Chronos berichtet unter einem Bildnis eine Schrifttafel vom Leben des 1720 verstorbenen Samuel Knorr von Rosenroth. Dieser entstammte einer geadelten Pfarrersfamilie, war siebenmal Görlitzer Bürgermeister, kaiserlicher Pfalzgraf und königlich-kurfürstlicher Rat in Dresden. Die Figuren und ihre Attribute erinnern an die Vergänglichkeit irdischen Daseins (Sanduhr, Sense, Totengerippe, erloschene Kerze) und symbolisieren die evangelische Glaubengewissheit: Gnade (Rosenkranz), Auferstehung (Posaune) und ewiges Leben (Krone).

Die Loge und einstige Orgelnische

Über dem Chorgestühl an der Südwand befindet sich seit 1910 eine barocke Loge, die einst unter der barocken Orgelempore vor dem Triumphbogen angeordnet war. Sie war 1711 für zwei wohlhabende Görlitzer, den Richter und Stadthauptmann Johann Martin Möller sowie den Kauf- und Handelsmann Johann Sohr, errichtet worden. In der geschlossenen Fensternische daneben befand sich im Mittelalter die Orgelempore. Seit 1910 sind dort zwei Figuren angebracht, die einst über der Vorhalle des heute vermauerten Hauptportals am Obermarkt angebracht waren – Gottvater und Christus aus einer Dreifaltigkeitsdarstellung, geschaffen um 1715 von Caspar Gottlob von Rodewitz.

An der Nordwand des Chores hing bis ins frühe 19. Jahrhundert ein heute verschollenes großes Bild auf Leinwand, das die Maria mit dem Einhorn als Symbol ihrer Jungfräulichkeit darstellte. Leider fehlt heute auch das große Kruzifix, dessen Umriss sich noch abzeichnet. Es stammte vermutlich von Hans Olmützer und entstand

Blick vom Chor ins Langhaus

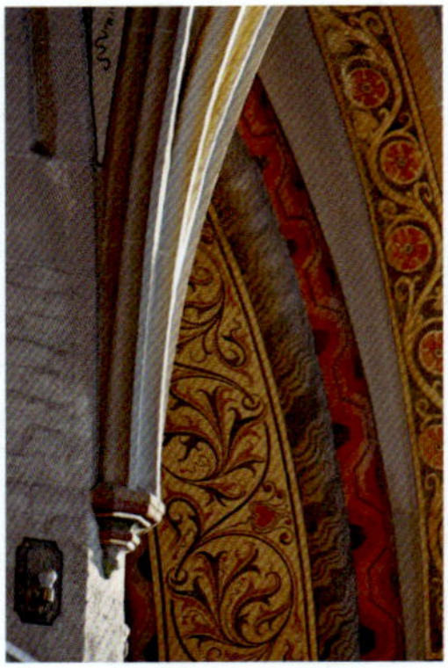

Gewölbekonsole im Langhaus

um 1501 zusammen mit überlebensgroßen Darstellungen der trauernden Maria und des Johannes für den Triumphbogen der Kirche. Die Johannesfigur ist seit dem 19. Jahrhundert verschollen, das Kruzifix und die Schmerzensmutter gingen 1945 durch Kriegsauslagerung verloren; die Marienfigur befindet sich heute im Nationalmuseum Warschau.

Über dem spätgotischen Sakristeiportal mit seinem gegenläufigen Eselsrückenbogen und dem reichen Stabwerk (um 1500) hängt ein erst im 20. Jahrhundert entstandenes Gemälde mit einer Ansicht der Ostseite des einstigen Klosters vor dem Abbruch um 1853. Das schlichte Sakristeiportal gegenüber – die sogenannte Rote Tür – führte zur Treppe, die einst den Mönchen als Verbindung zwischen ihrem Dormitorium, dem Schlafhaus, in den Chor diente.

Langhaus

Das Hauptschiff der Kirche wirkt in seinen klaren Formen einheitlich und offenbart seine Baugeschichte erst auf den zweiten Blick. Das regelmäßige Gewölbe mit seiner klaren Netzstruktur fasst den ungefähr 33 Meter langen, 10 Meter breiten und 14,5 Meter hohen Raum zusammen. Es ist allerdings nachträglich eingefügt worden, weshalb es nötig war, in die Ecken an der Ostseite seitlich des Triumphbogens (über dem einstigen Lettner) massive Eckkonsolen und an den Längsseiten Achteckpfeiler einzufügen. Das feingliedrige Gewölbe mit elegantem Birnstabprofil sitzt auf diesen Eckkonsolen bzw. auf Konsolen an den Wandpfeilern auf. Als Bauschmuck wurden in Anlehnung an die Gestaltung des Chorraums und der Barbarakapelle Köpfe unter die Eckkonsolen gesetzt. Sie sind von hoher Qualität und formal sowie stilistisch mit der Bauplastik des mittleren 15. Jahrhunderts in St. Peter und Paul und in der Frauenkirche in Görlitz vergleichbar.

Die Bemalung des Gewölbes erfolgte in Anlehnung an spätgotische Himmelsgärten 1909–1910 durch Adolf Quensen. Über dem Triumphbogen erscheint das Bild des

Blick ins Langhaus nach Westen mit Orgelprospekt von 1910

Gewölbe im Langhaus

Eckkonsole des Langhausgewölbes, um 1470

Weltenherrschers auf dem Regenbogen als Richter am Ende der Zeiten.

Die Südseite des Langhauses wird durch die zweigeschossige Bogenstellung von Seitenschiff und Empore geprägt. Die Brüstung des einstigen Singe- und Apostelchores wurde 1909–1910 erneuert und mit neobarocker Ornamentik bemalt.

Die Kanzel

Als zentrales Ausstattungsstück für den evangelischen Predigtgottesdienst entstand 1670 eine neue Kanzel, die wohl einen schlichteren Ambo ersetzte. Inhaltlich ist dieser Verkündigungsort ganz dem Neuen Testament und seinen ersten Kündern und Botschaftern gewidmet: In gravitätischem Schwarz-Gold gefasst, bildet die Kanzelarchitektur mit gedrehten Säulchen und Nischen mit Muschelkalotten den Rahmen für die in leuchtenden Farben bemalten Gestalten der zwölf Apostel. Am Kanzelaufgang sind von unten nach oben Matthäus, Bartholomäus, Thomas und Philippus dargestellt. An zentraler Stelle erscheinen am Kanzelkorb (von West nach Ost) Petrus, Paulus, Jakobus der Ältere und Andreas. Auf dem Schalldeckel stehen schließlich (gesehen von West nach Ost) die Figuren der Apostel Jakobus d. J., Simon, Judas Thaddäus und Matthias.

Die Kanzel von 1670

Kanzelkorb, Detail

Kanzel, Detail

Der Schöpfer dieser Figuren ist namentlich nicht bekannt, wahrscheinlich handelt es sich um den Zittauer Bildhauer Michael Bubenick, der im zeitlichen Umfeld zahlreiche vergleichbare Werke in der ganzen Oberlausitz geschaffen hat. Durch Quellen gesichert sind die Namen des Tischlermeisters und des Malers: Die Holzarbeiten sind das Werk von Wenzel Hempel aus dem schlesischen Krummhübel/Karpacz, während die ursprünglich weniger von Schwarz als von Weiß und Gold dominierte farbige Bemalung der lange Zeit in Görlitz tätige Johann Geisius aus Konitz/Chojnice in Westpreußen ausgeführt hatte. Insgesamt schufen diese Handwerker und Künstler damit ein architektonisch und ornamental reich instrumentiertes Prunkstück, das zu den Hauptwerken der evangelischen Kunst des frühen Barock in der Oberlausitz zählt.

Orgel

Seit 1873 befindet sich die Orgel der Dreifaltigkeitskirche auf der Westempore. Die älteren Instrumente – eine erste Orgel beispielsweise wurde 1382 von einem Magister Ortulphus geschaffen – standen auf der Südseite des Chores und auf der Empore an der Südseite des Langhauses nahe am Chorbogen. Dort stand seit 1691 ein Werk des Görlitzer Orgelbauers David Decker des Mittleren, das mehrfach erneuert und 1818 durch ein Werk von Gottfried Müller aus Gersdorf (Neugersdorf) ersetzt wurde.

Die heutige Orgel geht auf Friedrich Ladegast aus Weißenfels zurück, doch wurde sein Instrument mehrfach stark umgebaut. Der Prospekt in barockisierenden Formen stammt aus dem Jahr 1910, das Werk wurde 1955 von der Orgelbauanstalt Hermann Eule in Bautzen stark verändert. Es handelt sich um ein Instrument mit zwei Manualen und Pedal sowie insgesamt 27 Registern, wovon heute noch 9 auf die Ladegast-Orgel von 1873 zurückgehen. Das Werk ist restaurierungsbedürftig.

Gotteskästen

Am Westportal und am östlichen Ende des Seitenschiffes sind barocke Gotteskästen angebracht, die auffordern, für die Armen eine mildtätige Gabe zu entrichten. Während dies im Seitenschiff eine Inschrift zum Ausdruck bringt, ist der andere Opferstock mit einem Gemälde von 1643 geschmückt. Darauf hat ein unbekannter Künstler das Gleichnis vom reichen Mann und dem armen Lazarus geschildert und mit den Worten überschrieben: „Gebt umb Gottes willen den Armen, / So wird sich Gott uber euch erbarmen.“ Auf das Erbarmen bezieht sich die Szene am rechten Bildrand: Ungewöhnlich für eine evangelische Darstellung ist dort ein Mann im Fegefeuer dargestellt, darüber Gott, der die befreite Seele zu sich nimmt.

Barocker Gotteskasten mit einem Gemälde von 1643

Gewölbemalereien, Engel mit Marterwerkzeugen

rechte Seite: Gewölbemalereien, Engelskonzert „Te Deum“

Gewölbemalereien im Seitenschiff

Das südliche Seitenschiff erhielt um 1425–1435 eine reiche Gewölbeausmalung. Die dem so genannten Weichen Stil verpflichteten und von der böhmischen Kunst geprägten Malereien wurden allerdings 1909–1910 stark erneuert. Das westliche Joch zeigt um den Schlussstein mit Darstellung des wahren Antlitzes Christi (Vera Ikon) Blumenranken. Im zweiten Joch von Westen erscheinen um das Lamm Gottes auf dem Schlussstein die Symbole der vier Evangelisten; sie künden vom Opfertod Christi, seinem Erlösungswerk und verweisen auf das Himmelreich, das die Engel in den weiteren Gewölbejochen weiter vor Augen führen. Im östlich folgenden Joch sind um eine

Seitenschiff nach Westen

Engelskonzert, Detail

mittlere Rosette Engel mit den Marterwerkzeugen (Arma Christi) dargestellt. Das östlichste Joch schließlich, in der sogenannten Katharinenkapelle, zeigt im Gewölbe rund um einen Stern ein einzigartiges Engelskonzert: 32 musizierende Engel begleiten ein Schriftband mit den Worten des „Te Deum laudamus", des ambrosianischen Lobgesanges „Großer Gott wir loben dich". Dabei sind die genau wiedergegebenen Instrumente ein wichtiges Zeugnis für die Musikgeschichte des Mittelalters – in der Malerei ist kein umfangreicheres derartiges Engelskonzert aus dieser Zeit bekannt.

Grabmäler im Langhaus

Unter der Orgelempore links befindet sich der älteste Grabstein in der Dreifaltigkeitskirche, derjenige des 1381 im Chor bestatteten Jone von der Duba, Sohn des damaligen Görlitzer Landvogtes. Neben der Inschrift zeigt der Stein das Familienwappen mit den beiden gekreuzten Eichenästen. Daneben sind die Grabsteine für die beiden schwedischen Offiziere Johann Salomo († 1639) und Erasmus Günter von Salza († 1646) aufgestellt; beide erscheinen als Ganzfigur in zeitgenössischer Bekleidung.

An der Nordwand des Langhauses rechts der Kanzel ist der Grabstein für die Apothekertochter Margarethe Meisterin eingemauert, die 1521 zu den 2000 Pestopfern gehörte, die damals zu beklagen waren. Rechts außen befindet sich der Grabstein für das neunte Kind des Bürgermeisters Georg Emmerich, Dorothea Schützin († 1520), deren Mann Sebastian ein Förderer des schlesischen Reformators Caspar von Schwenkfeld war.

An der Ostwand des Seitenschiffes erhebt sich das barocke Denkmal für den Görlitzer Bürgermeister Gottfried Neumann († 1682) und seine Frau Dorothea († 1692)

Grabstein des Günter von Salza († 1646)

Grabmal für das Ehepaar Neumann, um 1690

– sie wurden als letzte in der Dreifaltigkeitskirche bestattet. Neumann war seit 1669 Vorsteher des Gymnasiums und der Klosterkirche; unter ihm war die neue Kanzel errichtet und das Große Predigerkollegium gegründet worden. Das Denkmal zeigt die Bildnisse der beiden Verstorbenen, begleitet von Inschriftentafeln und Allegorien der Gerechtigkeit und Hoffnung, bekrönt von zwei schlafenden Genien und einem umrankten Obelisken als Zeichen des Ruhmes.

Inneres der Barbarakapelle nach Südwesten

Barbarakapelle

Hat man das niedrige Seitenschiff durchschritten, öffnet sich südlich der ausgesprochen edel proportionierte Raum der Barbarakapelle. Trotz der Unregelmäßigkeiten im unteren Teil – östlich begann man den Bau auf rechteckigem Grundriss – wirkt er als einheitlicher Achteckraum, der von einem feingliedrigen Netzgewölbe überspannt ist. Die Schlusssteine zeigen zweimal das Antlitz Christi (Vera Ikon), das Lamm Gottes sowie dazwischen Sonne und Mond sowie eine Rosette. Das Gewölbe wird von Konsolen mit Köpfen und paarweise angeordneten Musikerdarstellungen getragen, wobei die Musikerbüsten nebst Instrumenten auch Wappenschilde aufweisen, die nördlich den böhmischen Löwen und südlich das österreichische Bindenschild zeigen – Hinweise auf die Entstehung des Baus

Barbarakapelle, Konsolbüsten mit Musikern und böhmischem Wappen

Barbarakapelle, Konsolbüsten mit Musikern und österreichischem Wappen

Inneres der Barbarakapelle nach Osten

im mittleren 15. Jahrhundert, zur Zeit, als Albrecht von Habsburg und sein Sohn Ladislaus Posthumus von 1437 bis 1457 als Könige von Böhmen Landesherren der Oberlausitz waren.

Heute befinden sich in der Barbarakapelle die kostbarsten mittelalterlichen Ausstattungsstücke der Dreifaltigkeitskirche.

Die Beweinungsgruppe

An der Ostwand steht die Beweinungsgruppe von 1492, die ursprünglich den Fronaltar (Corpus Christi) an der südlichen Chorbogenwand schmückte. Der Stifter dieser großartigen spätgotischen Figurengruppe hat sich in der lateinischen Inschrift als „auctor" (Schöpfer) verewigen lassen: Georg Emmerich, zu Lebzeiten auch als „König von Görlitz" bezeichnet, einer der einflussreichsten Männer der damaligen Zeit. Er hat nicht nur das Heilige Grab maßgeblich initiiert und das Frauenhospital gestiftet, sondern auch die Franziskaner mit mehreren Stiftungen

Die Beweinungsgruppe von Hans Olmützer, 1492

Beweinungsgruppe von 1492, Kopf des Nikodemus von Arimathia

begünstigt. So beauftragte er zur Ausschmückung des Fronaltars in der Klosterkirche den damals bedeutendsten Künstler der Stadt, den aus Olmütz/Olomouc in Mähren stammenden, in der Schweiz und in Süddeutschland ausgebildeten Bildhauer Hans, wie es in den Ratsannalen überliefert ist. Der Sandsteinblock dafür wurde eigens aus der Nähe von Prag herbeigebracht. Dargestellt ist die bewegende Szene, in welcher der vom Kreuz abgenommene Leichnam Christi von seiner Mutter Maria und Johannes dem Evangelisten, begleitet von Nikodemus und Joseph von Arimathia, beweint wird. In der Inschrift wandte sich Emmerich als Stifter bittend an Christus und Maria: „Sit pius ille mihi quem fles dulcissima virgo – gnädig sei mir jener, den du beweinst, süßeste Jungfrau".

Auf dem Salbgefäß des Nikodemus von Arimathia befinden sich die Buchstaben „HvO“, die als Signatur des Hans von Olmütz bzw. Hans Olmützer gedeutet wurden. Der einstige Altaraufsatz wurde 1607 überarbeitet. Nach seiner Auslagerung im Zweiten Weltkrieg gelangte er glücklicherweise 1962 aus Polen wieder zurück.

Christus in der Rast

Die Holzskulptur des sinnierenden Christus auf dem Weg zu seinem Tod gehört zu den eindrücklichsten Werken spätgotischer Kunst in Görlitz, entstanden um 1500 von

Christus in der Rast, um 1500

einem unbekannten Meister. Das Motiv geht auf die innige Passionsfrömmigkeit zurück, die von den Franziskanern besonders gefördert wurde. Die Christusfigur in der Dreifaltigkeitskirche gehörte zu einer Gruppe von vier Bildwerken (daneben Darstellungen des „Ecce homo", des „Kreuztragenden Christus" und der „hl. Veronika"), die sämtlich Auftragswerke Georg Emmerichs waren.

Christus in der Rast, um 1500, Detail

Die „Goldene Maria"

Der große Flügelaltar an der Südwand der Barbarakapelle stand bis 1713 auf dem einstigen Hochaltar im Chorraum, den bereits 1383 ein Bild der Muttergottes geschmückt hatte. 1910 gelangte der Altar an die heutige Stelle. Es handelt sich dabei um das bedeutendste Retabel (eigentlich „Rückwand", Altaraufsatz), das aus der Zeit der Spätgotik in Görlitz erhalten blieb: einen Wandelaltar mit einem Schrein und zwei beweglichen Flügelpaaren. Leider geht die in der Predella (dem Sockel) angebrachte Inschrift auf eine falsche Lesart historischer Nachrichten zurück. So steht seit 1910 dort geschrieben, dass dieses Werk 1487/1488 von den Görlitzer Tischlergesellen Peter und Paul angefertigt und mit Figuren des Bildhauers Hans Olmützer geschmückt worden sei. Tatsächlich ist die „Goldene Maria" jedoch erst später entstanden. 1503 stiftete der Görlitzer Kaufmann Niklaus Steinberg eine große Geldsumme für den Hochaltar in der Klosterkirche, 1513 ist er gestorben und wurde im Mittelschiff der Klosterkirche vor dem Kreuzaltar beigesetzt. Der prächtige Altarschrein und seine bemalten Flügel entstanden demzufolge nach 1503, wohl zwischen 1510–1515, in einer Breslauer Werkstatt, in der damals zahlreiche weitere Altarretabel für Kirchen in der Oberlausitz und in Schlesien geschaffen wurden, die in der Grundform, in Details und im Stil dem Görlitzer Werk nahe stehen. Dazu gehört beispielsweise der große Marienaltar aus Guhrau/Góra, der heute im Dom von Posen/Poznań aufgestellt ist.

Goldene Maria, Detail der Marienfigur im Schrein

Im geöffneten Zustand (Feiertagsseite) erscheint im goldglänzenden Schrein die Muttergottes mit Kind im

Goldene Maria, geschlossener Zustand

Seite 58: Goldene Maria, Relief der Festtagsseite mit erster Anbetung des Kindes (Geburt Christi)

Seite 59: Goldene Maria, Bild des Passionszyklus: Christus vor Kaiphas (Verhör im Palast des Hohepriesters)

Strahlenkranz. Sie steht auf einer Mondsichel und wird von drei Engeln begleitet: Einer trägt die Schleppe ihres langen Mantels, die beiden anderen schweben über ihrem Kopf und tragen eine Krone. Maria ist damit dargestellt als Himmelskönigin und als apokalyptisches Weib, die in der Offenbarung des Johannes genannte Erscheinung am Ende der Zeit. Die seitlichen Flügel weisen jeweils zwei Reliefs mit vier Freuden der Muttergottes auf – es sind lebensvoll geschilderte Szenen aus dem Marienleben: Oben links ist die Verkündigung zu erkennen,

Goldene Maria, Festtagsseite mit geöffnetem Schrein

ANNO·DOM·14
HABEN EISTER·PETER·UND·
MEIST PAVL·AZWENE·TISCH=
LER·ZV ORLITZ·DIESE·TAFEL·
ANGEHABEN·ZV·MA
CHEN·VND·1488·HAT·MEIS R·
HANSS·OLMVTZER·ANGEH EN·
DIE·BILDER·DARIN·ZV·SCHN EN·

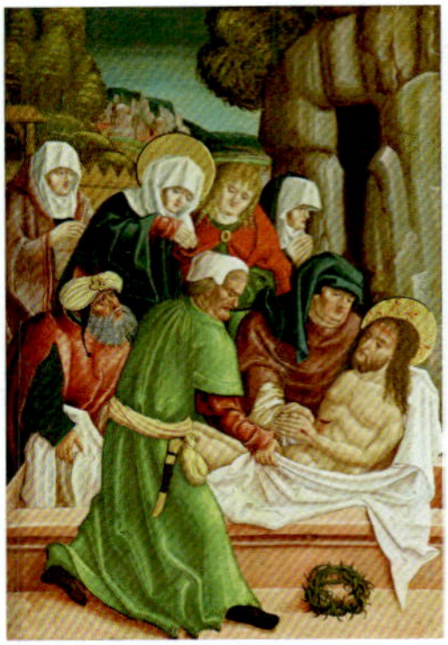

Goldene Maria, Bilder vom geschlossenen Altar: Grablegung Christi und Auferstehung (unten)

rechts die Heimsuchung, unten links die Geburt Christi und rechts die Anbetung der Heiligen Drei Könige.

Werden diese beiden Flügel geschlossen, so zeigt sich auf der Sonntagsseite ein Passionszyklus. Auf acht Bildern sind in leuchtenden Farben mit dem dominierenden Farbklang Rot/Grün als symbolischer Hinweis auf Opfer und Auferstehung von oben links bis unten rechts dargestellt: die Szenen des letzten Abendmahls, Christus am Ölberg, die Gefangennahme, das Verhör im Palast des Hohepriesters, Geißelung und Dornenkrönung, die Verspottung (Ecce Homo) sowie schließlich die Kreuztragung. Als Vorlagen für die figurenreichen und von Erzählfreude geprägten Bilder benutzten die Maler in der Werkstatt des sogenannten „Meisters der Guhrauer Passion" damals hochmoderne Vorlagen von Hans Schäuffelein und Albrecht Dürer.

Im geschlossenen Zustand präsentieren sich als Werktagsseite die vier Darstellungen von Kreuzigung, Grablegung, Auferstehung und der Wiederkunft Christi am Jüngsten Gericht mit Maria und Johannes dem Täufer als Fürbitter.

Das Kreuzigungsbild von 1524

Als Gedächtnisbild für eine unbekannte Familie entstand 1524 diese große Kreuzigungsdarstellung mit Magdalena, die den Kreuzesstamm umfasst. Das seitlich dargestellte Stifterpaar erhoffte sich damit den Schutz des Herrn, wie die Inschriften belegen: „Goth bis genedigk mir Sunder Luce. 18" und „Vater in deine hende bevehle ich meinen geist. Luce 23." Als Maler signierte ein F. H., vermutlich Franz Han, der damals verschiedentlich für Görlitz tätig war. Das Kreuzigungsbild weist ihn als einen bedeutenden Meister aus, der mit den modernsten Strömungen der Zeit vertraut war und – wie die reizvolle Landschaft belegt – Einflüsse der sogenannten Donauschule nach Görlitz brachte. Im eventuell nachträglich angefügten linken Zwickelbild ist das Görlitzer Heilige Grab zu erkennen – möglicherweise handelt sich um die älteste Darstellung dieses

Kreuzigungsbild von Franz Han, 1524

Bauwerks. Das Gemälde gelangte allerdings erst 1713 aus Familienbesitz in die Dreifaltigkeitskirche, sodass seine ursprüngliche Bestimmung unklar bleibt.

Grabstein des Johannes Frauenburg

Auch in der Barbarakapelle befinden sich einige Grabsteine, wovon derjenige in der südöstlichen Nische links neben der „Goldenen Maria“ hervorgehoben sei: Er erinnert an den 1495 verstorbenen Magister Johannes Frauenburg, der als Stadtschreiber im 15. Jahrhundert zu den führenden Politikern in Görlitz gehörte und in schwierigen Geschäften mit den böhmischen Landesherren stets erfolgreich für Görlitz verhandelte. Auf dem nachträglich unten abgearbeiteten Stein ist ein Wappenschild mit seinem Hauszeichen abgebildet.

Glasfenster

Zu den wenigen bedeutenden Ausstattungsstücken des 20. Jahrhunderts in der Dreifaltigkeitskirche gehören die 1910–1914 geschaffenen vier Glasfenster in der Barbarakapelle. Sie wurden mit Spenden von Görlitzer Familien in der Firma Gustav van Treeck, Kgl. Bayerische Hofglas-

Glasfenster von 1914 in der Barbarakapelle

Literaturauswahl

Görlitzer Bilderbibel. Auf den Spuren der Bibel durch Görlitz, Görlitz 2003.

FRITZ BEINTKER: Die Baubestrebungen der Franziskaner im Mittelalter, dargestellt an der Franziskanerkirche in Görlitz, Maschinenschrift Görlitz 1911.

RICHARD JECHT: Die Grabsteine, Epitaphien und Gedächtnisfahnen in der Görlitzer Klosterkirche, in: Neues Lausitzisches Magazin 86 (1910), S. 162–188.

ERNST-HEINZ LEMPER: Görlitz. Eine historische Topographie, Görlitz/Zittau ^{2}2009.

ERNST-HEINZ LEMPER: Die Dreifaltigkeitskirche zu Görlitz. Vortrag zur 750. Jährung ihrer Weihe vom 15. August 1245 als Klosterkirche der Franziskaner, 8. September 1995, unpubliziertes Typoskript.

HANS LUTSCH: Die Kunstdenkmäler der Provinz Schlesien Bde. 1 und 3, Breslau 1886/1891, insbes. Bd. 3, 1891, S. 654–664.

ROLAND PIEPER und JÜRGEN WERINHARD EINHORN: Franziskaner zwischen Ostsee, Thüringer Wald und Erzgebirge. Bauten – Bilder – Botschaften, Paderborn 2005, S. 203–208.

ROBERT SCHAAL: Die Minoritenkirche in Görlitz und die Bettelordensarchitektur in Sachsen, unpublizierte Magisterarbeit, Köln 1993/1994.

malerei, in München geschaffen. Die mit reichem Blüten- und Blätterrapport in kräftigen Farben rein ornamental geschmückten Fenster sind in ihrer Mischung neogotischer Formen mit Jugendstilelementen ein seltenes Beispiel für den Einfluss der englischen Arts and Crafts-Bewegung auf die deutsche Kunst Anfang des 20. Jahrhunderts.

Der schlichte sandsteinerne Taufstein wurde 1910 aufgestellt.

Bibliothek

Im südlichen Anbau des Chores befinden sich im Erd- und Obergeschoss noch mittelalterliche Gewölberäume, die zum einstigen Franziskanerkloster gehörten. Direkt an das Seitenschiff der Kirche schließt ein Teil des ehemaligen Kreuzganges an (Café in der Kirche), der von einem tief herabgezogenen Kreuzgewölbe geprägt ist. Darüber befindet sich die 1472 mit einem schönen Netzgewölbe versehene einstige Bibliothek, die sich in drei Fenstern zum Hof öffnet. Im späten 15. Jahrhundert besaßen die Görlitzer Franziskaner über 300 Bände, wovon ein Teil später in die Milichsche Bibliothek gelangte (heute Oberlausitzische Bibliothek der Wissenschaften Görlitz bzw. Universitätsbibliothek Breslau/Wrocław).

Im Erdgeschoss schließt sich östlich die heutige Sakristei an; einstmals führte dort eine Treppe ins Dormitorium, das Schlafhaus der Franziskanermönche.

Würdigung

Die Görlitzer Dreifaltigkeitskirche ist ein wichtiges Zeugnis franziskanischer Architektur des Mittelalters im östlichen Deutschland. Bis heute hat der schlichte Außenbau den Charakter einer Predigtscheune bewahrt. Im Inneren jedoch offenbart sich ein größerer Anspruch, der in den ausgewogenen Räumen und ihren Einwölbungen aus dem 14. und 15. Jahrhundert zum Ausdruck kommt. In der baulichen Entwicklung der Dreifaltigkeitskirche spie-

Björn Sobota: Die Geschichte der Orgeln in der Görlitzer Dreifaltigkeitskirche, unpublizierte Diplomarbeit, Görlitz 2004.

Christian Speer: Ratsherren und fromme Bürger. Zum Wandel der praktischen Frömmigkeit am Beispiel der städtischen Kultur in Görlitz zwischen 1300 und 1550, unpublizierte Dissertation, Regensburg 2009.

Björn R. Tammen: Musik und Bild im Chorraum mittelalterlicher Kirchen 1100–1500, Berlin 2000, S. 354–359.

Horst Wenzel: Dreifaltigkeitskirche. Ein Schatzkästlein in Görlitz, Görlitz 1995.

Alfred Zobel: Beiträge zur Geschichte der Dreifaltigkeitskirche in Görlitz, in: Neues Lausitzisches Magazin 88 (1912), S. 182–233.

Alfred Zobel: Die Kirche zur heiligen Dreifaltigkeit in Görlitz. Festschrift zur Wiedereinweihung am 27. Juni 1910, Görlitz 1910.

Alfred Zobel: Kurzer Führer durch die Dreifaltigkeitskirche in Görlitz, Görlitz 1912.

Für Hinweise und freundlicherweise zur Verfügung gestellte unpublizierte Arbeiten danke ich Stefan Bürger, Katja M. Mieth, Robert Schaal, Björn Sobota, Christian Speer und Kai Wenzel.

Seite 64: Detail eines Fensters in der Barbarakapelle von 1914

gelt sich in exemplarischer Weise die Stadtgeschichte von der Frühzeit des 13. Jahrhunderts bis ins 18. Jahrhundert: vom schlichten Gründungsbau über die Chorerweiterung als erstes Beispiel spätgotischer Architektur in Görlitz bis zu den Ausbauten im mittleren 15. Jahrhundert und den Ergänzungen nach der Reformation. Durch die Lage unmittelbar an der Via Regia und am Marktgeschehen nahm die Kirche stets einen wichtigen Platz im städtischen Geschehen ein. Zahlreiche wichtige Persönlichkeiten sind durch Stiftungen und Begräbnisse mit ihr verbunden.

Kunstgeschichtlich begründet vor allem die reiche Ausstattung der Kirche ihren besonderen Rang. Von den Gewölbemalereien des 15. Jahrhunderts, den spätgotischen Grabdenkmälern über die Beweinungsgruppe des Hans Olmützer von 1492, die Skulptur des Christus in der Rast bis zur sogenannten „Goldenen Maria" haben sich in der Dreifaltigkeitskirche einige der wichtigsten Kunstwerke aus der spätmittelalterlichen Blütezeit der Stadt Görlitz erhalten. Die im 17. und 18. Jahrhundert neu geschaffenen Ausstattungsstücke wie Kanzel, Altar und Epitaphien bezeugen die nachreformatorische Bedeutung der Kirche und das Können Oberlausitzer Künstler und Handwerker in der Barockzeit.

Die Evangelische Dreifaltigkeitskirche ist täglich geöffnet, im Winterhalbjahr Montag bis Samstag
10.00–16.00 Uhr, Sonn- und Feiertage 11.00–16.00 Uhr,
im Sommerhalbjahr Montag bis Samstag
10.00–18.00 Uhr, Sonn- und Feiertage 11.00–18.00 Uhr

Gottesdienste siehe Aushang

Kirchenführungen zu erfragen: Büro Offene Kirchen

„Café in der Kirche" zu den Öffnungszeiten der Kirche

Büro Offene Kirchen
Bei der Peterskirche 9
02826 Görlitz
Tel.: (0 35 81) 4 28 70 10
Fax: (0 35 81) 4 28 70 11
E-Mail: offene-kirchen@innenstadtgemeinde-goerlitz.info

Impressum

Herausgeber: Evangelische Innenstadtgemeinde Görlitz

Text: Marius Winzeler

Abbildungsnachweis: S. 2, 3 Kulturhistorisches Museum Görlitz

Umschlag hinten: Goldene Maria, Schrein mit Maria als Himmelskönigin und Bild des Passionszyklus, Abendmahl

Plan: Umzeichnung von Hartmut Olbrich

Fotografien, Layout: Janos Stekovics

www.steko.net

ISBN 978-3-89923-278-3